Odes to Opposites

PABLO

Selected & Illustrated by Ferris Cook

NERUDA

Translated by Ken Krabbenhoft

ODES TO

A Bulfinch Press Book

OPPOSITES

Little, Brown and Company

BOSTON · NEW YORK · TORONTO · LONDON

First Edition
Second printing, 1996
LIBRARY OF CONGRESS CATALOGUING-IN-PUBLICATION DATA

Neruda, Pablo, 1904–1973
    [Poems. English & Spanish. Selections]
    Odes to opposites / Pablo Neruda ; selected & illustrated by
Ferris Cook ; translated by Ken Krabbenhoft.—1st ed.
        p.   cm.
    English and Spanish
    "A Bulfinch Press book."
    ISBN 0–8212–2227–9
    1. Neruda, Pablo, 1904–1973—Translations into English.   I. Cook, Ferris.
II. Krabbenhoft, Kenneth.   III. Title.
    PQ8097.N4A246   1995
    861—dc20   95–22412

Bulfinch Press is an imprint and trademark of Little, Brown and Company (Inc.)
Published simultaneously in Canada by Little, Brown & Company (Canada) Limited

PRINTED IN THE UNITED STATES OF AMERICA

For
Gloria, Ken, Nancy,
and Topper

Indice

Contents

PABLO NERUDA was born in 1904 in Parral, Chile, and died in 1973 in Santiago. Among his many books were four volumes of odes to ordinary objects and substances, everyday experiences, animals and plants, the seasons, celestial bodies, geographical regions and cities, emotions, occupations, friends, and people he admired. These books were published between 1954 and 1959. In 1971, Neruda was awarded the Nobel Prize for Literature.

Las Odas / *The Odes*

Oda al presente

Este
presente
liso
como una tabla,
fresco,
esta hora,
este día
limpio
como una copa nueva
—del pasado
no hay una
telaraña—,
tocamos
con los dedos
el presente,
cortamos
su medida,
dirigimos
su brote,
está viviente,
vivo,
nada tiene
de ayer irremediable,
de pasado perdido,

Ode to the present

This
moment
as smooth
as a board,
and fresh,
this hour,
this day
as clean
as an untouched glass
—not a single
spiderweb
from the past:
we touch
the moment
with our fingers,
we cut it
to size,
we direct
its blooming.
It's living,
it's alive:
it brings nothing
from yesterday that can't be redeemed,
nothing from the lost past.

es nuestra
criatura,
está creciendo
en este
momento, está llevando
arena, está comiendo
en nuestras manos,
cógelo,
que no resbale,
que no se pierda en sueños
ni palabras,
agárralo,
sujétalo
y ordénalo
hasta que te obedezca,
hazlo camino,
campana,
máquina,
beso, libro,
caricia,
corta su deliciosa
fragancia de madera
y de ella
hazte una silla,
trenza
su respaldo,
pruébala,
o bien
escalera!

Sí,
escalera,
sube
en el presente,
peldaño
tras peldaño,
firmes
los pies en la madera

This is our
creation,
it's growing
this very
instant, kicking up
sand or eating
out of our hand.
Catch it,
don't let it slip away!
Keep it from vanishing into dreams
or words!
Grab it,
pin it down,
make it
obey!
Make it a road
or a bell,
a machine,
a kiss, a book
or a caress.
Slice into its sweet
scent of wood,
make yourself a chair
from it,
then weave yourself
a seat.
Try it out—
or, better,
try a ladder!

Yes,
a ladder:
rise
out of the moment
step
by step,
feet firmly
planted on the wood

del presente,
hacia arriba,
hacia arriba,
no muy alto,
tan sólo
hasta que puedas
reparar
las goteras
del techo,
no muy alto,
no te vayas al cielo,
alcanza
las manzanas,
no las nubes,
ésas
déjalas
ir por el cielo, irse
hacia el pasado.
Tú
eres
tu presente,
tu manzana:
tómala
de tu árbol,
levántala
en tu
mano,
brilla
como una estrella,
tócala,
híncale el diente y ándate
silbando en el camino.

of the moment.
Up and
up
but not too much—
just high enough
to
patch
the holes
in the roof.
Not too far;
you don't want to reach heaven.
Climb up
to the apples
but not as far as the clouds
(let
them
cruise the sky, drifting
toward the past).
You
are
your own moment,
your own apple:
pluck it
from your apple tree.
Hold it up
in your
hand:
it shines
like a star.
Stroke it,
sink your teeth into it—now off you go
whistling on your way.

Oda al tiempo venidero

Tiempo, me llamas. Antes
eras
espacio puro,
ancha pradera.
Hoy
hilo o gota
eres,
luz delgada
que corre como liebre hacia las zarzas
de la cóncava noche.

Pero,
ahora
me dices, tiempo, aquello
que ayer no me dijiste:

tus pasos apresura,
tu corazón reposa,
desarrolla tu canto.

El mismo soy. No soy? Quién, en el cauce
de las aguas que corren
identifica el río?

Ode to future time

Time, you beckon. Before
you were
perfect space,
open prairie.
Today
you are
a thread, a drop,
a slender light
scurrying like a hare toward thickets
of concave night.

But
now
you're telling me, time, what
you didn't tell me before.

Go ahead, get going,
give your heart a rest.
Go ahead and sing your song.

I'm still the same, aren't I? The one
who knows the river
by the way its water flows?

Sólo sé que allí mismo,
en una sola
puerta
mi corazón golpea,
desde ayer, desde lejos,
desde entonces,
desde mi nacimiento.

Allí
donde responde
el eco oscuro
del mar
que canta y canto
y que
conozco
sólo
por un ciego silbido,
por un rayo
en las olas,
por sus anchas espumas en la noche.

Así, pues, tiempo, en vano
me has medido,
en vano transcurriste
adelantando
caminos al errante.

Junto a una sola puerta
pasé toda la noche,
solitario, cantando.

Y ahora
que tu luz se adelgaza
como animal que corre
perdiéndose en la sombra
me dices,
al oído,
lo que no me enseñaste
y supe siempre.

All I know is this: in that very place
my heart has been knocking
at a single
door,
knocking since yesterday, from afar,
since long ago,
since my birth—

that place
where the dark echo
of the singing
sea
answers, and I sing,
an echo
I only
know
by its blind hissing,
by lightning
striking the waves,
by waves' thick froth in the night.

And so, time,
you've sized me up in vain.
In vain have you hurried
to stay a step ahead
of this wanderer.

I spent the entire night
by a single door.
I was alone, and singing.

And now
while your light thins
like a speeding animal
fading into shadow,
only now do you tell me
plainly
what you didn't show me
but I've always known.

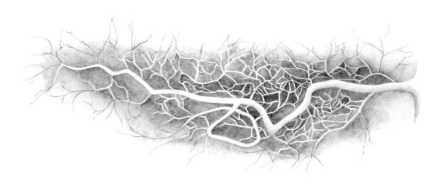

Oda a la luz encantada

La luz bajo los árboles,
la luz del alto cielo.
La luz
verde
enramada
que fulgura
en la hoja
y cae como fresca
arena blanca.

Una cigarra eleva
su son de aserradero
sobre la transparencia.

Es una copa llena
de agua
el mundo.

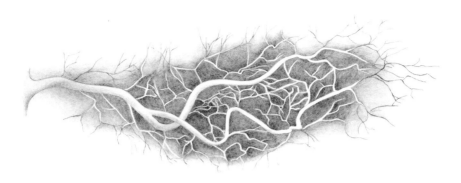

Ode to enchanted light

Under the trees light
has dropped from the top of the sky,
light
like a green
latticework of branches,
shining
on every leaf,
drifting down like clean
white sand.

A cicada sends
its sawing song
high into the empty air.

The world is
a glass overflowing
with water.

Oda a la noche

Detrás
del día,
de cada piedra y árbol,
detrás de cada libro,
noche,
galopas y trabajas,
o reposas,
esperando
hasta que tus raíces recogidas
desarrollan tu flor y tu follaje.
Como
una bandera
te agitas en el cielo
hasta llenar no sólo
los montes y los mares,
sino las más pequeñas cavidades,
los ojos
férreos del campesino fatigado,
el coral negro
de las bocas humanas
entregadas al sueño.
Libre corres
sobre el curso salvaje
de los ríos,
secretas sendas cubres, noche,

Ode to nighttime

Behind
daylight,
behind every tree and rock,
behind every book,
night,
you rush around working
or you rest,
waiting
for your retracted roots
to grow into foliage or flower.
You thrash around the sky
like
a flag,
you pour yourself into
sierras and seas
and the smallest cavities, too:
the exhausted peasant's hardened
eyes
and the black coral
of peoples' mouths
opened wide in sleep.
You run wild
over the savage flow
of rivers,
you penetrate, night, hidden paths

profundidad de amores constelados
por los cuerpos desnudos,
crímenes que salpican
con un grito de sombra,
mientras tanto los trenes
corren, los fogoneros
tiran carbón nocturno al fuego rojo,
el atareado empleado de estadística
se ha metido en un bosque
de hojas petrificadas,
el panadero amasa
la blancura.
La noche también duerme
como un caballo ciego.
Llueve
de Norte a Sur,
sobre los grandes
árboles de mi patria,
sobre los techos
de metal corrugado,
suena
el canto de la noche,
lluvia y oscuridad son los metales
de la espada que canta,
y estrellas o jazmines
vigilan
desde la altura negra,
señales
que poco a poco
con lentitud de siglos
entenderemos.
Noche,
noche mía,
noche de todo el mundo,
tienes algo
dentro de ti, redondo
como un niño
que va a nacer, como una

and love's deep constellations—
tangle of naked bodies—
and crimes that splatter
the shadows with screams.
All the while trains
stay on schedule, stokers
feed night-black coal to red fire.
The overworked accountant
wanders deep in a forest
of petrified papers,
and bakers knead
mounds of whiteness.
Night also sleeps
like a blind horse.
It's raining
all over the country:
on the huge trees
of my homeland
and on roofs
of corrugated metal
night's song
is heard.
Rain and darkness are the blade
of a singing sword
while stars, or jasmine petals,
gaze
from blackened heights:
they are signs
that, little by little,
with time's slow passage,
we will come to understand.
Nighttime,
my nighttime,
night of the whole earth,
you bear something
within you, something round
like a child
about to be born, like a

semilla
que revienta,
es el milagro,
es el día.
Eres más bella
porque alimentas con tu sangre oscura
la amapola que nace,
porque trabajas con ojos cerrados
para que se abran ojos,
para que cante el agua,
para que resuciten
nuestras vidas.

bursting
seed:
it's a miracle,
it's daylight.
Your beauty is all the greater
because you nourish this budding poppy
with the darkness that flows in your veins,
because you work with your eyes closed
so that other eyes may open
and the water may sing,
so that our lives
might be born again.

Oda al otoño

Ay cuánto tiempo
tierra
sin otoño,
cómo
pudo vivirse!
Ah qué opresiva
náyade
la primavera
con sus escandalosos
pezones
mostrándolos en todos
los árboles del mundo,
y luego
el verano,
trigo,
trigo,
intermitentes
grillos,
cigarras,
sudor desenfrenado.
Entonces
el aire
trae por la mañana
un vapor de planeta.
Desde otra estrella
caen gotas de plata.
Se respira

Ode to fall

How
could earth
have lived
so long
without fall!
Spring
was so annoying,
a nymph
flaunting shameless
nipples
on all the trees
in the world!
Along came
summer,
endless fields
of wheat,
chattering
crickets
and cicadas,
buckets of sweat.
This is the season when
morning air
bears
a planet's exhalation,
and silver drops
drip from a distant star.
We breathe

el cambio
de fronteras,
de la humedad al viento,
del viento a las raíces.
Algo sordo, profundo,
trabaja bajo la tierra
almacenando sueños.
La energía se ovilla,
la cinta
de las fecundaciones
enrolla
sus anillos.

Modesto es el otoño
como los leñadores.
Cuesta mucho
sacar todas las hojas
de todos los árboles
de todos los países.
La primavera
las cosió volando
y ahora
hay que dejarlas
caer como si fueran
pájaros amarillos.
No es fácil.
Hace falta tiempo.
Hay que correr por todos
los caminos,
hablar idiomas,
sueco,
portugués,
hablar en lengua roja,
en lengua verde.
Hay que saber
callar en todos
los idiomas
y en todas partes,
siempre

a change
across borders,
from dampness to breeze,
from breeze to earthly roots.
Something deep and deaf
is at work underneath the earth
stockpiling dreams.
Our strength curls up in a ball,
and the long string
of germinations
coils
into rings.

It's a modest season, fall,
as modest as woodcutters.
It's tough work
pulling leaves
off every tree
in every country.
Spring
stitched them on so quickly
and now
we have to let them
fall like
yellow birds.
It isn't easy.
It takes time.
There's so much ground
to cover.
You have to speak
Swedish
and Portuguese,
you have to speak red
languages, and green.
You have to know how
to be silent in every
tongue
and everywhere.
You have to let the leaves

dejar caer,
caer,
dejar caer,
caer,
las hojas.

Difícil
es
ser otoño,
fácil ser primavera.
Encender todo
lo que nació
para ser encendido.
Pero apagar el mundo
deslizándolo
como si fuera un aro
de cosas amarillas,
hasta fundir olores,
luz, raíces,
subir vino a las uvas,
acuñar con paciencia
la irregular moneda
del árbol en la altura
derramándola luego
en desinteresadas
calles desiertas,
es profesión de manos
varoniles.

Por eso,
otoño,
camarada alfarero,
constructor de planetas,
electricista,
preservador de trigo,
te doy mi mano de hombre
a hombre
y te pido me invites
a salir a caballo,

keep on
falling,
steadily falling,
falling
to the ground.

It's hard
to be
fall,
but easy to be spring,
to set on fire everything
that was born
to be burned.
But the work of extinguishing the world,
whirling it
like a hoop
made of yellow things,
blending scents
and light and roots,
drawing wine from grapes,
calmly minting
the ragged coins
of a tree on the hill
then scattering them
through deserted,
disinterested streets—
it's a job
for strong hands.

This is why,
fall—
my fellow potter,
builder of worlds,
electrician,
warehouser of wheat—
this is why I hold out my hand,
one man to another.
I'd like an invitation
to ride with you,

a trabajar contigo.
Siempre quise
ser aprendiz de otoño,
ser pariente pequeño
del laborioso
mecánico de altura,
galopar por la tierra
repartiendo
oro,
inútil oro.
Pero, mañana,
otoño,
te ayudaré a que cobren
hojas de oro
los pobres del camino.

Otoño, buen jinete,
galopemos,
antes que nos ataje
el negro invierno.
Es duro
nuestro largo trabajo.
Vamos
a preparar la tierra
y a enseñarla
a ser madre,
a guardar las semillas
que en su vientre
van a dormir cuidadas
por dos jinetes rojos
que corren por el mundo:
el aprendiz de otoño
y el otoño.

Así de las raíces
oscuras y escondidas
podrán salir bailando
la fragancia
y el velo verde de la primavera.

to work by your side.
I've always wanted
to be fall's apprentice,
a younger brother to
the hardworking
master mechanic,
to gallop over the earth
giving away
gold,
useless gold.
But tomorrow,
fall,
I'll be with you to help
poor travelers
collect their leaves of gold.

Let us gallop,
fall—skilled rider—
before black winter
cuts us short.
It's hard,
this long drawn-out work of ours.
We've got to
ready the earth,
teach her
how to mother,
how to shelter the seeds
that will sleep
in her womb guarded
by two red horsemen
who run around the world:
autumn's apprentice
and autumn itself.

Then spring's aroma,
and her tender green veil,
will burst forth freely, leaping
from roots
sunk in darkness.

Oda a la primavera

Primavera
temible,
rosa
loca,
llegarás,
llegas
imperceptible,
apenas
un temblor de ala, un beso
de niebla con jazmines,
el sombrero
lo sabe,
los caballos,
el viento
trae una carta verde
que los árboles leen
y comienzan
las hojas
a mirar con un ojo,
a ver de nuevo el mundo,
se convencen,
todo está preparado,
el viejo sol supremo,
el agua que habla,
todo,

Ode to spring

Fearsome
spring,
zany
rose,
you will arrive
unnoticed—
here you come now—
the merest
flit of a wing, a kiss
of jasmine-scented mist.
Hats
can feel it,
and horses.
The wind
delivers a green letter
for all the trees to read
and the leaves
take
a first peek,
a fresh look at things.
They're sure:
everything is ready—
the ancient, uncontestable sun,
and talking water,
everything.

y entonces
salen todas las faldas
del follaje,
la esmeraldina,
loca
primavera,
luz desencadenada,
yegua verde,
todo
se multiplica,
todo
busca
palpando
una materia
que repita su forma,
el germen mueve
pequeños pies sagrados,
el hombre
ciñe
el amor de su amada,
y la tierra se llena
de frescura,
de pétalos que caen
como harina,
               la tierra
brilla recién pintada
mostrando
su fragancia
en sus heridas,
los besos de los labios de claveles,
la marea escarlata de la rosa.
Ya está bueno!
Ahora,
primavera,
dime para qué sirves
y a quién sirves.
Dime si el olvidado
en su caverna

Now
skirts of foliage
spread all at once,
spring dressed in emerald green,
zany
spring,
unfettered sunlight,
green mare.
The whole world
stretches,
the whole world
reaches out
groping for
substance
in which to repeat its form.
Seeds shuffle
their tiny sacred feet,
men
squeeze
the love in their beloveds,
and the earth is filled
with newness,
with petals falling
like sifting flour,
               the earth
shines freshly painted,
exposing
its fragrance
in open wounds,
kisses from the lips of carnations,
roses in scarlet tides.
This is how it should be!
Now,
spring,
tell me your purpose,
and who's your master.
And that man shut away
in a cave—

recibió tu visita,
si el abogado pobre
en su oficina
vio florecer tus pétalos
sobre la sucia alfombra,
si el minero
de las minas de mi patria
no conoció
más que la primavera negra
del carbón
o el viento envenenado
del azufre!

Primavera,
muchacha,
te esperaba!
Toma esta escoba y barre
el mundo!
Limpia
con este trapo
las fronteras,
sopla
los techos de los hombres,
escarba
el oro
acumulado
y reparte
los bienes
escondidos,
ayúdame
cuando
ya
el
hombre
esté libre
de miseria,
polvo,
harapos,

did you pay him a call?
Did the poor lawyer
huddled in his office
see your petals blossom
on his dusty carpet?
Did the miner
in the mineshaft back home
know nothing
beyond a spring blackened
with coal
and poisoned by a sulphurous
wind?

Spring,
my girl,
I've been waiting for you!
Here, take this broom, sweep
the world clean!
Take this cloth
and scour
the farthest places,
blow
on mankind's rooftops,
blast open
those deposits
of ore,
share with us
all that hidden
wealth.
Lend me a hand
when
mankind
is
finally
free
from poverty,
dust,
and rags,

deudas,
llagas,
dolores,
cuando
con tus transformadoras manos de hada
y las manos del pueblo,
cuando sobre la tierra
el fuego y el amor
toquen tus bailarines
pies de nácar,
cuando
tú, primavera,
entres
a todas
las casas de los hombres,
te amaré sin pecado,
desordenada dalia,
acacia loca,
amada,
contigo, con tu aroma,
con tu abundancia, sin remordimiento,
con tu desnuda nieve
abrasadora,
con tus más desbocados manantiales,
sin descartar la dicha
de otros hombres,
con la miel misteriosa
de las abejas diurnas,
sin que los negros tengan
que vivir apartados
de los blancos,
oh primavera
de la noche sin pobres,
sin pobreza,
primavera
fragante,
llegarás,
llegas,

free from debts,
sores,
and pain,
when
your elfin hands and the hands
of the people make magic,
when on this earth
fire and love
caress your leaping
pearly feet,
when
you, spring,
come into
the houses
of all mankind.
It will be no sin to love you,
deranged dahlia,
crazed acacia—
my beloved,
to stand by your side, your scent
and your abundance, without regret to love
your naked
burning snow
and your gushing
(never excluding
the happiness of other men),
and the mysterious honey
brewed by bees that work all day,
without black people kept
separate
from whites.
O spring
of poor people's nights:
free of poverty,
fragrant
spring:
you will arrive,
as you are now arriving.

te veo
venir por el camino:
ésta es mi casa,
entra,
tardabas,
era hora,
qué bueno es florecer,
qué trabajo
tan bello:
qué activa
obrera eres,
primavera,
tejedora,
labriega,
ordeñadora,
múltiple abeja,
                    máquina
transparente,
molino de cigarras,
entra
en todas las casas,
adelante,
trabajaremos juntos
en la futura y pura
fecundidad florida.

I see you
coming up the road.
Yes, this is my house.
Come in.
You've been detained,
I know, you're late —
but how good it is to bloom,
what wonderful
labor!
You're a hard
worker,
spring,
with your weaving
and sweating in the fields,
and milking the cows.
You're a bee multiplied,
                          a machine
invisible,
a cicada mill.
Come in,
come into all our houses,
come on in.
We'll work together
in the perfect, flowering
abundance to come.

Oda a una mañana del Brasil

Esta es una mañana
del Brasil. Vivo adentro
de un violento diamante,
toda la transparencia
de la tierra
se materializó
sobre
mi frente,
apenas si se mueve
la bordada verdura,
el rumoroso cinto
de la selva:
ancha es la claridad, como una nave
del cielo, victoriosa.

Todo crece,
los árboles,
el agua,
los insectos,
el día.
Todo termina en hoja.
Se unieron
todas
las cigarras
que nacieron, vivieron

Ode to a morning in Brazil

This is morning
in Brazil. I'm living
inside a blazing diamond,
the world's
transparency
has materialized
above
my head.
The fringed greenness
scarcely quivers,
this murmuring belt
of jungle:
there's a breadth of brightness, like a ship
of heaven, triumphant.

Everything grows —
trees,
water,
insects,
day itself.
Everything ends in leaves.
All
the cicadas
that have ever lived
and died

y murieron
desde que existe el mundo,
y aquí cantan
en un solo congreso
con voz de miel,
de sal,
de aserradero,
de violín delirante.

Las mariposas
bailan
rápidamente
un
baile
rojo
negro
naranja
verde
azul
blanco
granate
amarillo
violeta
en el aire,
en las flores,
en la nada,
volantes,
sucesivas
y remotas.

Deshabitadas
tierras,
cristal
verde
del mundo,
en alguna
región
un ancho río

since the world's creation
have banded together,
and they're singing
in one single voice
made of honey
and salt
and sawdust,
the voice of a screeching violin.

The butterflies
are doing
a fast dance,
a
dance
that is red
black
orange
green
blue
white
garnet
yellow
and violet,
dancing on the air
and on flowers
or in the emptiness,
flying by
one after another
in the distance.

Uninhabited
land,
the world's
green
glass:
some-
where
a wide river

se despeña
en plena soledad,
los saurios cruzan
las aguas pestilentes,
miles de seres lentos
aplastados
por la
ciega espesura
cambian de planta, de agua,
de pantano, de cueva,
y atraviesan el aire
aves abrasadoras.

Un grito, un canto,
un vuelo,
una cascada
cruzan desde una copa
de palmera
hasta
la arboladura
del bambú innumerable.

El mediodía
llega
sosegado,
se extiende
la luz como si hubiera
nacido un nuevo río
que corriera y cantara
llenando el universo:
de pronto
todo
queda
inmóvil,
la tierra, el cielo, el agua
se hicieron transparencia,
el tiempo se detuvo
y todo entró en su caja de diamante.

plummets
in complete solitude,
lizards criss-cross
fever-bearing waters,
thousands of sluggish things
squashed
by the
forest's sightless mass
exchange plants, waterholes,
swamps and caves,
while blazing birds
wing through the air.

A cry, a song,
a flight,
a spray of water
leap from the crown
of a palm tree
into
the endless bamboo
forest.

Noon
arrives
relaxed,
light
stretches like
a river born
swiftly rushing and singing,
filling the universe.
All at once
everything
comes
to a halt:
earth, air and water
turn transparent,
time stops,
and the world retires to its diamond box.

Oda a una mañana en Stokholmo

Por los días del Norte,
amor, nos deslizamos.
Leningrado quedó
nevado, azul, acero
debajo de sus nubes
las columnas, las cúpulas,
el oro viejo, el rosa,
la luz ancha del río,
todo se fue en el viaje,
se quedó atrás llorando.

Se come al mar la tierra?

La tierra al firmamento?

Diviso el cielo blanco
de Stokholmo, el tridente
de una iglesia en las nubes,
ácidas copas verdes
son cúpulas, son senos

Ode to a morning in Stockholm

We're cruising, love,
through northern days.
Leningrad was covered
in snow, blue and steely
beneath clouds
pillars, domes,
pink and weathered gold,
wide light on the river:
it all passed so fast,
was left behind in tears.

The earth: does it swallow the sea?

The firmament: is it swallowed by the earth?

I spy the white sky
of Stockholm, the trident
of a church thrust into clouds.
Those bilious green crowns
are domes, breasts

de ciudad oxidada,
y lo demás es vago,
noche sin sombra o día
sin luz, cristal opaco.

Amor mío, a estas islas
dispersas en la bruma,
a los acantilados
de nieve y alas negras,
mi corazón te trajo.

Y ahora como naves
silenciosas pasamos,
sin saber dónde fuimos
ni dónde iremos, solos
en un mundo de perlas
e implacables ladrillos.

Apágate hasta ser
sólo nieve o neblina,
clausuremos los ojos,
cerremos los sentidos
hasta salir al sol
a morder las naranjas.

of a rusting city.
All the rest is vague,
night without shadow, day
without light, glass you can't see through.

My love, this heart brought you
to these islands
scattered in fog,
to cliffs
of snow and coal-black wings.

And now we are moving on
like silent ships
not knowing where we've been
or where we're going, alone
in a world of pearls
and pitiless bricks.

It's best to shut down,
emulate snow and mist.
We'll retire our eyes
and stifle our senses
until we emerge in the sun
and bury our teeth in an orange.

Oda a las nubes

Nubes del cielo Sur,
nubes aladas,
nubes
de impecable vapor, trajes del cielo,
pétalos, peces puros
del estío,
boca arriba en el pasto, en las arenas
de todo el cielo sois
las muchachas celestes,
la seda al sol, la primavera blanca,
la juventud del cielo.
Derramadas, corriendo
apenas
sostenidas
por el aire,
pulmones
de la luz, nidos
del agua!
Ahora un solo
ribete
de combustión, de ira
enciende
las praderas
celestiales

Ode to clouds

Clouds of southern skies,
winged clouds,
clouds
of whitest steam, heaven's clothing,
petals, perfect fish
of summertime:
you are heavenly girls
lying on your backs in grass and on beaches
of spreading sky,
silk in sunlight, white springtime,
the sky's childhood.
Splashed across the heavens, rushing by
lofted
lightly
on air,
giant feathers
of light, nests
of water,
and now a single
filament
of flame or rage
ignites
meadows
of sky

y los almendros
en flor,
la equinoccial
lavandería
es devorada
por leopardos
verdes,
cortadas por alfanjes,
atacadas por
bocas
incendiarias.
Nubes desesperadas
y puntuales
en el fallecimiento
del sol
de cada día,
baile
ritual
de todo
el horizonte,
apenas
si cruzan el espacio
lentas aves del mar, vuelos
sobre la perspectiva,
se desgarran las nubes,
se disuelve
la luz del abanico delirante,
vida y fuego no existen, eran sólo
ceremonias del cielo.
Pero a ti, nubarrona
de tempestad, reservo
aquel espacio
de monte o mar, de sombra,
de pánico y tinieblas sobre el mundo,
sea sobre las haces
de la espuma
en la noche iracunda
del océano

and blooming
almond trees.
Every equinox
this laundry
is devoured
by green
leopards,
slashed by scimitars,
attacked by
fire
hydrants.
Clouds that arrive on time
but without hope
for the sun's
daily
demise,
the whole
horizon's
ritual
dance:
no sooner
have sluggish seabirds
crossed this space, flying
above the view,
than clouds are ripped apart,
light from this frenzied fan
falls apart,
there is no more life or fire: they were simply
the sky's celebration.
But for you, swollen
storm cloud, I am holding
that space
over mountain and sea, that space of shadows,
of panic and darkness above the world.
And whether you stand above sheaves
of sea spray
in the ocean's
outraged night,

o sobre la callada
cabellera
de los bosques nocturnos,
nube, tinta de acero
desparramas,
algodones de luto en que se ahogan
las pálidas estrellas.

De tu paraguas cae
con densidad de plomo
la oscuridad y pronto
agua eléctrica y humo
tiemblan como banderas
oscuras, sacudidas
por el miedo.

Riegas
y unes
tu oscuridad al sueño
de las negras raíces,
y así de la tormenta
sale a la luz
de nuevo
el esplendor terrestre.

Nube
de primavera, nave
olorosa, pura
azucena
del cielo,
manto de viuda desdichada,
negra madre del trueno,
quiero un traje de nube,
una camisa
de vuestros materiales,
y llevadme en el hilo
de la luz o en el
caballo de la sombra
a recorrer el cielo, todo el cielo.

or above the muted
mane
of nocturnal forests,
you, cloud, shed
a steely ink
and cotton puffs of mourning in which
the pale stars drown.

Darkness falls
from your umbrella
with the heaviness of lead, then
electrified water and smoke
tremble like dark
flags, shaken
by fear.

You water
your darkness
and join it to the sleep
of black roots:
this is how earth's splendor
emerges to sparkle
again
after storms.

Spring's
cloud, fragrant
vessel, perfect
lily
of heaven,
unfortunate widow's cloak,
black mother of thunder:
I want a suit of clouds,
a shirt
of your substance.
Sweep me along the edge
of light, or mount me
on a steed of shadow
to race the length of the sky.

Así tocaré bosques, arrecifes,
cruzaré cataratas y ciudades,
veré la intimidad del universo,
hasta que con la lluvia
regresaré a la tierra
a conversar en paz con las raíces.

Thus will I touch reefs and forests,
scale waterfalls and cities,
peer into the world's secret heart,
and when I'm done I'll return
to earth with the rain,
and commune quietly with roots.

Oda a la ola

Otra vez a la ola
va mi verso.

No puedo
dejar mil veces mil,
mil veces, ola,
de cantarte,
oh novia fugitiva del océano,
delgada
venus
verde
levantas
tu campana
y en lo alto
derribas
azucenas.

Oh
lámina
incesante
sacudida
por
la
soledad

Ode to waves

Once again my words
turn to the waves.

I shall have
to sing of you,
waves, a thousand times,
or a thousand times a thousand.
O fugitive bride of the sea,
Venus
slender
and green,
you raise up
your crown,
and rain down
lilies
from your crest.

O
tireless
blade
shaken
by
the
wind's

del viento,
erigida como una
estatua
transparente
mil veces mil
cristalizada, cristalina,
y luego
toda la sal al suelo:
el movimiento
se convierte
en espuma
y de la espuma el mar
se reconstruye
y de nuevo resurge la turgencia.

Otras veces,
caballo,
yegua pura,
ciclónica
y alada,
con las crines
ardiendo de blancura
en la ira del aire
en movimiento,
resbalas, saltas, corres
conduciendo el trineo
de la nieve marina.

Ola, ola, ola,
mil veces mil
vencida, mil
veces mil erecta
y derramada:
viva
la ola,
mil veces siempreviva
la ola.

solitude,
as erect as a
transparent
statue,
crystalized a thousand times over,
crystal clear.
Suddenly
the salt shaker empties:
motion
is transformed
into foam
and from this foam the sea
reshapes itself
and the swelling rises again.

Other times
like a horse,
a perfect mare
wild
and winged,
your mane
blazing white
in the rage of
rushing air,
you slide, jump or canter,
pulling a sled
of ocean snow.

Waves, waves, waves—
torn down a thousand
times a thousand, a thousand
times resurrected
and shattered:
long live
the waves,
may they
live a thousand forevers.

Oda al fuego

Descabellado fuego,
enérgico,
ciego y lleno de ojos,
deslenguado,
tardío, repentino,
estrella de oro,
ladrón de leña,
callado bandolero,
cocedor de cebollas,
célebre pícaro de las chispitas,
perro rabioso de un millón de dientes,
óyeme,
centro de los hogares,
rosal incorruptible,
destructor de las vidas,
celeste padre del pan y del horno,
progenitor ilustre
de ruedas y herraduras,
polen de los metales,
fundador del acero,
óyeme,
fuego.

Arde tu nombre,
da gusto

Ode to fire

Wild-haired fire,
jumpy
and blind but studded with eyes,
sassy,
tardy, and unpredictable,
golden star,
thief of wood,
silent outlaw,
cooker of onions,
renowned swindler cloaked in sparks,
rabid dog with a million teeth:
hear me
heart of hearths,
bush of undying roses,
destroyer of lives,
heavenly father of bread and ovens,
famous forefather
of wheels and instruments,
breeder of metals,
refiner of steel,
fire,
hear me.

Your name crackles with flame:
it's a pleasure

decir fuego,
es mejor
que decir piedra
o harina.
Las palabras son muertas
junto a tu rayo amarillo,
junto a tu cola roja,
junto a tus crines de luz amaranto,
son frías las palabras.
Se dice fuego,
fuego, fuego, fuego,
y se enciende
algo en la boca:
es tu fruta que quema,
es tu laurel que arde.

Pero sólo palabra
no eres,
aunque toda palabra
si no tiene
brasa
se desprende y se cae
del árbol del tiempo.
Tú eres
flor,
vuelo,
consumación, abrazo,
inasible substancia,
destrucción y violencia,
sigilo, tempestuosa
ala de muerte y vida,
creación y ceniza,
centella deslumbrante,
espada llena de ojos,
poderío,
otoño, estío súbito,
trueno seco de pólvora,
derrumbe de los montes,

to say "fire,"
much better
than "stone"
or "grain."
Words seem lifeless
next to your yellow blaze
next to your red tail,
next to your bright amaranth mane.
Words are simply cold.
We say "fire"—
fire! fire! fire!—
and there's something
burning in our mouth:
it's your fruit that burns,
it's your laurel that crackles.

But you're not
just a word,
though words
entirely lacking
in flame
shake loose and fall
from the tree of time.
You are
flower,
fancy,
consummation, embrace,
and elusive substance.
You are violence and destruction,
secrecy, stormy
wing of death and life,
creation and ashes alike.
You are a dazzling spark,
a sword covered with eyes,
you are eminence,
autumn or sudden summer,
gunpowder's dry thunder,
collapse of mountain ranges,

río de humo,
oscuridad, silencio.

Dónde estás, qué te hiciste?
Sólo el polvo impalpable
recuerda tus hogueras,
y en las manos la huella
de flor o quemadura.
Al fin te encuentro
en mi papel vacío,
y me obligo a cantarte,
fuego,
ahora
frente a mí,
tranquilo
quédate mientras busco
la lira en los rincones,
o la cámara
con relámpagos negros
para fotografiarte.

Al fin estás
conmigo
no para destruirme,
ni para usarte
en encender la pipa,
sino para tocarte,
alisarte
la cabellera, todos
tus hilos peligrosos,
pulirte un poco, herirte,
para que conmigo
te atrevas,
toro escarlata.
Atrévete,
quémame
ahora,
entra

river of smoke,
obscurity and silence.

Where are you, where have you gone?
There's nothing left of your bonfires
but drifting dust
and, on our hands, burn marks
or the imprint of flowers.
In the end I've found you
on the blank page in front of me.
I'll make myself sing your praise,
fire,
right now,
before my very eyes.
Keep
quiet while I search
the closets for my lyre,
also the camera
with the black lightning bolts,
so I can take your picture.

In the end you
stay with me
not to do me in,
not so I can make you
light my pipe,
but so I can touch you,
smooth
your hair—every
dangerous strand—
so I can spruce you up or wound you,
so you'll have the courage
to charge me,
scarlet bull.
Go ahead,
burn me
now,
flare

en mi canto,
sube
por mis venas,
sal
por mi boca.

Ahora
sabes
que no puedes
conmigo:
yo te convierto en canto,
yo te subo y te bajo,
te aprisiono en mis sílabas,
te encadeno, te pongo
a silbar,
a derramarte en trinos,
como si fueras
un canario enjaulado.

No me vengas
con tu famosa túnica
de ave de los infiernos.
Aquí
estás condenado
a vida y muerte.
Si me callo
te apagas.
Si canto
te derramas
y me darás la luz que necesito.

De todos
mis amigos,
de todos
mis enemigos,
eres
el difícil.
Todos

into my song,
course
through my veins,
exit
through my mouth.

Now
you know:
you're no match
for me.
I'm turning you into song,
I can feel you up and down,
trap you in syllables of my making.
I'll put you in shackles, order you
to whistle
or melt away in trills
as if you were
a caged canary.

I'm not impressed
by your famous firebird
tunic from hell.
Here
you're condemned
to life and death.
If I fall silent
you vanish.
If I sing
you melt away,
giving me all the light I need.

Of all
my friends
and
enemies,
you're
the hardest to handle.
Everybody else

te llevan amarrado,
demonio de bolsillo,
huracán escondido
en cajas y decretos.
Yo no.
Yo te llevo a mi lado
y te digo:
es hora
de que me muestres
lo que sabes hacer.
Ábrete, suéltate
el pelo
enmarañado,
sube y quema
las alturas del cielo.

Muéstrame
tu cuerpo
verde y anaranjado,
levanta
tus banderas,
arde
encima del mundo
o junto a mí, sereno
como un pobre topacio,
mírame y duerme.
Sube las escaleras
con tu pie numeroso.
Acéchame,
vive,
para dejarte escrito,
para que cantes
con mis palabras
a tu manera,
ardiendo.

carries you tied up,
a demon in their pockets,
a hurricane locked away
in boxes and decrees.
But not me.
I carry you right alongside me,
and I'm telling you this:
it's high time
you showed me
what you can do.
Open up, let down
your tangled
hair,
leap up and singe
the heights of heaven.

Show me
your green and orange
body,
raise
your flags,
crackle
on the surface of the earth
or right here by my side, as calm
as a pale topaz.
Look at me, then go to sleep.
Climb the stairs
on your multitude of feet.
Chase me,
come alive
so I can write you down,
so you can sing
with my words
in your own way,
burning.

Oda a la lluvia

Volvió la lluvia.
No volvió del cielo
o del Oeste.
Ha vuelto de mi infancia.
Se abrió la noche, un trueno
la conmovió, el sonido
barrió las soledades,
y entonces,
llegó la lluvia,
regresó la lluvia
de mi infancia,
primero
en una ráfaga
colérica,
luego
como la cola
mojada
de un planeta,
la lluvia
tic tac mil veces tic
tac mil
veces un trineo,
un espacioso golpe
de pétalos oscuros
en la noche,
de pronto

Ode to rain

The rain returned.
It didn't come from the sky
or out of the West:
it came straight from my childhood.
Night split open, a peal of thunder
rattled, the racket
swept every lonely corner,
and then
the rain came,
rain returning
from my childhood,
first
a raging
gust,
then
a planet's
soggy
tail.
The rain
goes ticktock, a thousand ticks
a thousand
tocks, a sleigh
or an ample burst
of dark petals
in the night,
suddenly

intensa
acribillando
con agujas
el follaje,
otras veces
un manto
tempestuoso
cayendo
en el silencio,
la lluvia,
mar de arriba,
rosa fresca,
desnuda,
voz del cielo,
violín negro,
hermosura,
desde niño
te amo,
no porque seas buena,
sino por tu belleza.
Caminé
con los zapatos rotos
mientras los hilos
del cielo desbocado
se destrenzaban sobre
mi cabeza,
me traían
a mí y a las raíces
las comunicaciones
de la altura,
el oxígeno húmedo,
la libertad del bosque.
Conozco
tus desmanes,
el agujero
en el tejado
cayendo
su gotario
en las habitaciones

intense,
riddling
the leaves
with needles;
other times it's
a stormy
cloak
drifting down
in silence.
Rain,
sea of the upper air,
fresh,
naked rose,
voice of the sky,
black violin,
sheer beauty:
I have loved you
since childhood
not for your goodness
but for your beauty.
I trudged along
in my ruined shoes
while threads
of streaming sky
unraveled over
my head,
bringing
a message
from on high,
to me and to roots,
humid oxygen,
freedom of the forest.
I know
how mischievous you can be,
the hole
in the roof
dripping
measured drops
on poor peoples'

de los pobres:
allí desenmascaras
tu belleza,
eres hostil
como una
celestial
armadura,
como un puñal de vidrio,
transparente,
allí
te conocí de veras.
Sin embargo,
enamorado
tuyo
seguí
siendo,
en la noche
cerrando la mirada
esperé que cayeras
sobre el mundo,
esperé que cantaras
sólo para mi oído,
porque mi corazón guardaba toda
germinación terrestre
y en él se precipitan los metales
y se levanta el trigo.
Amarte, sin embargo
me dejó en la boca
gusto amargo,
sabor amargo de remordimiento.
Anoche solamente
aquí en Santiago
las poblaciones
de la Nueva Legua
se desmoronaron,
las viviendas
callampas,
hacinados
fragmentos de ignominia,

rooms.
That's when you rip off the mask
of beauty,
when you're as mean
as
heavenly
armor
or a dagger of transparent
glass.
That's where
I really came to know you.
But
I was
still
yours
in love,
in the night,
shutting my eyes tight,
I hoped you would fall
on the world.
I hoped you would sing
for my ears alone,
because my heart cradled
the earth's sprouting,
in my heart metals merge,
wheat springs out of my heart.
But loving you still
left a bitter taste
in my mouth,
the bitter aftertaste of regret.
Just last night,
here in Santiago,
houses
in Nueva Legua
collapsed,
fragile
mushrooms,
heaps
of humiliation.

al peso de tu paso
se cayeron,
los niños
lloraban en el barro
y allí días y días
en las camas mojadas,
sillas rotas,
las mujeres,
el fuego, las cocinas,
mientras tú, lluvia negra,
enemiga,
continuabas cayendo
sobre nuestras desgracias.
Yo creo
que algún día,
que inscribiremos en el calendario,
tendrán techo seguro,
techo firme,
los hombres en su sueño,
todos
los dormidos,
y cuando en la noche
la lluvia
regrese
de mi infancia
cantará en los oídos
de otros niños
y alegre
será el canto
de la lluvia en el mundo,
también trabajadora,
proletaria,
ocupadísima
fertilizando montes
y praderas,
dando fuerza a los ríos,
engalanando
el desmayado arroyo
perdido en la montaña,

Because of your heavy footsteps
they fell,
children
cried in the mire
and day after day
in rain-soaked beds,
on shattered chairs,
the women,
bonfires for kitchens
while you, black rain,
enemy rain,
kept on falling
on our misery.
I believe
that some day—
a day we will mark on calendars—
they will live under sound roofs,
dry roofs,
men with their dreams,
everyone
who sleeps,
and when in the middle of the night
the rain
returns
from my childhood,
it will sing
for other children to hear,
and the song
of rain falling on the world
will be joyous.
It will be industrious, too,
and proletarian,
absorbed
in fertilizing mountains
and plains,
revitalizing rivers,
festooning
collapsed gullies
forgotten in the hills,

trabajando
en el hielo
de los huracanados
ventisqueros,
corriendo sobre el lomo
de la ganadería,
dando valor al germen
primaveral del trigo,
lavando las almendras
escondidas,
trabajando
con fuerza
y con delicadeza fugitiva,
con manos y con hilos
en las preparaciones de la tierra.

Lluvia
de ayer,
oh triste
lluvia
de Loncoche y Temuco,
canta,
canta,
canta sobre los techos
y las hojas,
canta en el viento frío,
canta en mi corazón, en mi confianza,
en mi techo, en mis venas,
en mi vida,
ya no te tengo miedo,
resbala
hacia la tierra
cantando con tu canto
y con mi canto,
porque los dos tenemos
trabajo en las semillas
y compartimos
el deber cantando.

hard at work
in the ice
of gale-force
winds,
dancing on the backs
of cattle,
fortifying spring seeds
of wheat,
bathing secretive
almond trees,
working
at full steam
and with elusive subtlety,
all hands and threads,
on earth's preparations.

Rain
from yesterday,
O sad
rain
of Loncoche and Temuco,
sing,
sing,
sing on rooftops
and in leaves,
sing in freezing winds,
sing in my heart, in my trust,
on my roof, in my veins,
sing in my whole life.
I'm no longer scared of you:
go on, slide down
toward the earth
singing your song
and mine.
We've got to get to work
with these seeds.
We'll share
our duties singing.

Oda a la tranquilidad

Ancho
reposo,
agua
quieta,
clara, serena sombra,
saliendo
de la acción como salen
lagos de las cascadas,
merecida merced,
pétalo justo,
ahora
boca arriba
miro
correr el cielo,
se desliza
su cuerpo azul profundo,
adónde
se dirige
con sus peces, sus islas,
sus estuarios?
El cielo
arriba,
abajo
un rumor
de rosa seca,

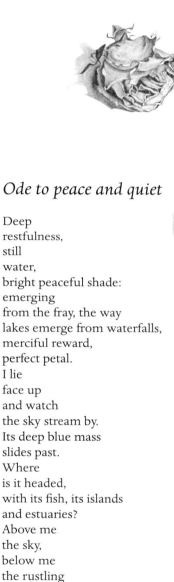

Ode to peace and quiet

Deep
restfulness,
still
water,
bright peaceful shade:
emerging
from the fray, the way
lakes emerge from waterfalls,
merciful reward,
perfect petal.
I lie
face up
and watch
the sky stream by.
Its deep blue mass
slides past.
Where
is it headed,
with its fish, its islands
and estuaries?
Above me
the sky,
below me
the rustling
of a desiccated rose.

crujen
pequeñas cosas, pasan
insectos como números:
es la tierra,
debajo
trabajan
raíces,
metales,
aguas,
penetran
nuestro cuerpo,
germinan en nosotros.

Inmóviles un día,
bajo un árbol,
no lo sabíamos:
todas las hojas hablan,
se cuentan
noticias de otros árboles,
historias de la patria,
de los árboles,
algunos aún recuerdan
la forma sigilosa
del leopardo
cruzando entre sus ramas,
como dura
neblina,
otros
la nieve huracanada,
el cetro
del tiempo tempestuoso.
Debemos
dejar que hable
no sólo
la boca de los árboles,
sino todas las bocas,
callar, callar en medio
del canto innumerable.

Small things
fidget, insects
flit by like numbers:
this is the earth,
roots
are at work
down below,
minerals
and water
seep into
our bodies
and germinate inside us.

Lying there motionless,
that day beneath the tree,
we knew nothing of this:
the leaves were all talking,
trading
news of other trees,
stories about their homeland,
about trees.
Some still remember
the leopard's
stealthy shape
moving like solid
mist
through their branches;
others recall
snow whipped by gales,
the storm season's
scepter.
We should
let all mouths
speak,
not just
trees:
we should sit still in the midst
of this incalculable song.

Nada es mudo en la tierra:
cerramos
los ojos
y oímos
cosas que se deslizan,
criaturas que crecen,
crujidos
de madera invisible,
y luego
el mundo,
tierra, celestes aguas,
aire,
todo
suena
a veces como un trueno,
otras veces
como un río remoto.
Tranquilidad, reposo
de un minuto, de un día,
de tu profundidad recogeremos
metales,
de tu apariencia muda
saldrá la luz sonora.
Así será la acción purificada.
Así dirán los hombres, sin saberlo,
la opinión de la tierra.

Nothing on earth lacks a voice:
when we close
our eyes
we hear
things that slither,
creatures that are growing,
the creaking
of unseen wood,
and then
the world,
earth, heavenly waters,
air:
everything
sounds
like thunder, at times,
other times
like a distant river.
Peace and quiet, a moment's
rest, or a day's:
from your depths we will gather
minerals,
from your unspeaking face
musical light will issue.
This is how we'll perfect our actions.
This is how men and women will speak
the earth's conviction, and never know it.

Oda a la intranquilidad

Madre intranquilidad, bebí en tus senos
electrizada leche,
acción severa!
No me enseñó la luna
el movimiento.
Es la intranquilidad la que sostiene
el estático vuelo
de la nave,
la sacudida del motor decide
la suavidad del ala
y la miel dormiría en la corola
sin la inquietud insigne de la abeja.
Yo no quiero escaparme
a soledad ninguna.
Yo no quiero
que mis palabras aten a los hombres.
Yo no quiero
mar sin marea, poesía
sin hombre,
pintura
deshabitada, música
sin viento!
Intranquila es la noche
y su hermosura,
todo palpita bajo

Ode to restlessness

Restless mother, from your breasts I sucked
electrified milk,
harsh lessons!
It wasn't the moon that taught me
how to move:
restlessness is what fuels
the ship's
static flight,
the engine's vibration sets
the smoothness of the wing,
and if it weren't for the bee's singular ambition,
honey would lay dormant in flowers.
I have no wish to run away
to some solitary place.
I don't want
my words to tie anybody down.
I have no yearning
for a sea without its tide or poetry
without people,
for unpopulated
paintings or music
without wind!
The night is restless,
as is its beauty:
everything throbs beneath

sus banderas
y el sol
es encendido movimiento,
ráfaga de alegría!
Se pudren en la charca
las estrellas,
y canta en la cascada
la pureza!
La razón intranquila
inauguró los mares,
y del desorden hizo
nacer el edificio.
No es inmutable
la ciudad, ni tu vida
adquirió la materia de la muerte.
Viajero, ven conmigo.
Daremos
magnitud a los dones de la tierra.
Cambiaremos la espiga.
Llevaremos la luz al más remoto
corazón castigado.
Yo creo
que bajo la intranquila primavera
la claridad
del fruto
se consuma,
se extiende
el desarrollo del aroma,
combate el movimiento con la muerte.
Y así llega a tu boca la dulzura
de los frutos gloriosos,
la victoria
de la luz intranquila
que levanta los labios de la tierra.

its flags,
and the sun
is burning movement,
a gust of joy!
The stars are rotting
in puddles,
and perfection sings
in the waterfall.
Restless reason
inaugurated the seas
and made buildings
rise out of chaos.
Cities are not
unchanging, and your life
has not acquired the raw material of death.
Traveler, come with me:
we will give
grandeur to the earth's blessings.
We will transform crops,
we will deliver light to the remotest
chastised heart.
I believe
that beneath restless spring
the fruit's
brightness
is devoured,
maturing scents
unfold,
battling movement with death.
This is how the sweetness of those glorious fruits
reaches your mouth,
the triumph
of a restless light
that raises its lips from earth.

Oda a la soledad

Oh soledad, hermosa
palabra, hierbas
silvestres
brotan entre tus sílabas!
Pero eres sólo pálida
palabra, oro
falso,
moneda traidora!
Yo describí la soledad con letras
de la literatura,
le puse la corbata
sacada de los libros,
la camisa
del sueño,
pero
sólo la conocí cuando fui solo.
Bestia no vi ninguna
como aquélla:
a la araña peluda
se parece
y a la mosca
de los estercoleros,
pero en sus patas de camello tiene
ventosas de serpiente submarina,
tiene una pestilencia de bodega

Ode to solitude

O solitude, beautiful
word: crab-
grass
grows between your syllables!
But you are only a pale
word, fool's
gold
and counterfeit coin!
I painted solitude in literary
strokes,
dressed it in a tie
I had copied from a book,
and the shirt
of sleep.
But
I first really saw it when I was by myself.
I'd never seen an animal
quite like it:
it looks like
a hairy spider
or the flies
that hover over dung,
and its camel paws have
suckers like a deep-sea snake.
It stinks like a warehouse piled high

en donde se pudrieron por los siglos
pardos cueros de focas y ratones.
Soledad, ya no quiero
que sigas
mintiendo por la boca de los libros.
Llega el joven poeta tenebroso
y para seducir
así a la soñolienta señorita
se busca mármol negro y te levanta
una pequeña estatua
que olvidará
en la mañana de su matrimonio.
Pero
a media luz de la primera vida
de niños la encontramos
y la creemos una diosa negra
traída de las islas,
jugamos con su torso y le ofrendamos
la reverencia pura de la infancia.
No es verdad
la soledad creadora.
No está sola
la semilla en la tierra.
Multitudes de gérmenes mantienen
el profundo concierto de las vidas
y el agua es sólo madre transparente
de un invisible coro sumergido.

Soledad de la tierra
es el desierto. Y estéril
es como él
la soledad
del hombre. Las mismas
horas, noches y días,
toda la tierra envuelven
con su manto
pero no dejan nada en el desierto.
La soledad no recibe semillas.

with brown hides of rats and seals
that have been rotting forever.
Solitude, I want you
to stop
lying through the mouths of books.
Consider the brooding young poet:
he's looking for a black marble slab
to seduce
the sleeping señorita; in your honor he erects
a simple statue
that he'll forget
the morning of his wedding.
But
in the half-light of those early years
we boys stumble across her
and take her for a black goddess
shipped from distant islands.
We play with her torso and pledge
the perfect reverence of childhood.
As for the creativity
of solitude: it's a lie.
Seeds don't live
singly underneath the soil:
it takes hordes of them to insure
the deep harmony of our lives,
and water is but the transparent mother
of invisible submarine choirs.

The desert
is the earth's solitude, and mankind's
solitude
is sterile
like the desert. The same
hours, nights and days
wrap the whole planet
in their cloak—
but they leave nothing in the desert.
Solitude does not accept seeds.

No es sólo su belleza
el barco en el océano:
su vuelo de paloma sobre el agua
es el producto
de una maravillosa compañía
de fuego y fogoneros,
de estrella y navegantes,
de brazos y banderas congregados,
de comunes amores y destinos.

La música
buscó para expresarse
la firmeza coral del oratorio
y escrita fue
no sólo por un hombre
sino por una línea
de ascendientes sonoros.

Y esta palabra
que aquí dejo en la rama suspendida,
esta canción que busca
ninguna soledad sino tu boca
para que la repitas
la escribe el aire junto a mí, las vidas
que antes que yo vivieron,
y tú que lees mi oda
contra tu soledad la has dirigido
y así tus propias manos la escribieron,
sin conocerme, con las manos mías.

A ship on the sea
isn't the only image of its beauty.
It flies over the water like a dove,
end product
of wondrous collaborations
between fires and stokers,
navigators and stars,
men's arms and flags in congregation,
shared loves and destinies.

In its search for self-expression
music sought out
the choir's coral hardness.
It was written
not by a single man
but by a whole score
of musical relations.

And this word
which I poise here suspended on a branch,
this song that yearns
solely for the solitude of your lips
to repeat it—
the air inscribes it at my side, lives
that were lived long before me.
And you, who are reading my ode:
you've used it against your own solitude.
We've never met, and yet it's your hands
that wrote these lines, with mine.

Oda a la energía

En el carbón tu planta
de hojas negras
parecía dormida,
luego
excavada
anduvo,
surgió,
fue
lengua loca
de fuego
y vivió adentro
de la locomotora
o de la nave,
rosa roja escondida,
víscera del acero,
tú que de los secretos
corredores
oscuros

Ode to energy

Your black-leafed plant
seemed to slumber
within the heart of coal.
Later,
released,
it stirred,
surged forward,
became
a mad tongue
of fire.
It dwelt inside
locomotives
and steamships,
red rose hidden away,
entrails of steel.
And you, coming straight
from the secret
black

recién llegada, ciega,
te entregabas
y motores
y ruedas,
maquinarias,
movimiento,
luz y palpitaciones,
sonidos,
de ti, energía,
de ti, madre energía,
fueron naciendo,
a golpes
los pariste,
quemaste los fogones
y las manos
del azul fogonero,
derribaste distancias
aullando adentro
de tu jaula
y hasta donde tú fuiste
devorándote,
donde alcanzó tu fuego,
llegaron los racimos,
crecieron
las ventanas,
las páginas se unieron como plumas
y volaron las alas de los libros:
nacieron hombres y cayeron árboles,
fecunda fue la tierra.
Energía, en la uva
eres redonda gota
de azúcar enlutado,
transparente
planeta,
llama líquida, esfera
de frenética púrpura
y aun multiplicado
grano de especie,

shafts, blind—
you gave yourself up.
Engines,
wheels
and machinery,
movement,
light, shudderings
and sounds
began pouring
out of you, energy,
mother energy.
You gave birth to them
in spasms,
you singed the firebox
and the blue stoker's
hands,
you annihilated distance
howling howling
in your cage,
and there, where you
burned yourself up,
in that place touched by your fire,
clusters of fruit also arrived,
windows
multiplied,
pages came together like feathers,
and the wings of books took flight.
Men were born and trees fell to the ground,
and the soil was fertile.
Energy, in a grape's shape
you are fat drops
of sugar dressed in mourning,
a transparent
planet,
liquid flame, sphere
of frenzied purple.
You are also repeated
seeds of spice,

germen del trigo,
estrella cereal, piedra viviente
de imán o acero, torre
de los hilos eléctricos,
aguas en movimiento,
concentrada
paloma
sigilosa
de la energía, fondo
de los seres, te elevas
en la sangre del niño,
creces como una planta que florece en sus
    ojos,
endureces sus manos
golpeándolo, extendiéndolo
hasta que se hace hombre.

Fuego que corre y canta,
agua que crea,
crecimiento,
transforma nuestra vida,
saca
pan de las piedras,
oro del cielo,
ciudades del desierto,
danos,
energía,
lo que guardas,
extiende tus dones de fuego
allá
sobre la estepa,
fragua la fruta, enciende
el tesoro del trigo,
rompe la tierra, aplana
montes, extiende
las nuevas
fecundaciones
por la tierra

wheat germ,
cereal star, living
lodestone and living steel, towers
hung with humming wires,
waters in motion,
taut
silent
dove
of energy, source
of beings. You exalt
the little boy's blood,
you grow like a plant that blossoms in his
    eyes,
you harden his hands
beating and stretching him
until he grows into a man.

Fire that rushes and sings,
water of creation,
growth itself:
change our lives,
draw
bread from stones,
gold from the sky,
cities from the desert.
Give us,
energy,
the essence you are hoarding,
project your gifts of fire
far away,
to the steppes,
forge fruits, set ablaze
treasuries of wheat,
break the soil, level
mountains, deliver
fresh
fertility
to all the earth

para que desde entonces,
desde allí,
desde donde
cambió la vida,
ahora
cambie la tierra,
toda
la tierra,
las islas,
el desierto
y cambie el hombre.

Entonces, oh energía,
espada ígnea,
no serás
enemiga,
flor y fruto completo
será tu dominada
cabellera,
tu fuego
será paz, estructura,
fecundidad, paloma,
extensión de racimos,
praderas de pan fresco.

so that from now on,
beginning over there,
from the place where
life was transformed,
the earth will
be changed,
the whole
earth,
islands
and deserts,
and mankind, too.

Then, O energy,
sword of fire,
you will cease being
our enemy:
your tamed
mane will be
all fruit and flower,
your flames
will bring peace and order,
fertility and doves,
an abundance of fruit
and fresh bread from the plains.

Oda a las gracias

Gracias a la palabra
que agradece.
Gracias a gracias
por
cuanto esta palabra
derrite nieve o hierro.

El mundo parecía amenazante
hasta que suave
como pluma
clara,
o dulce como pétalo de azúcar,
de labio en labio
pasa,
gracias,
grandes a plena boca
o susurrantes,
apenas murmulladas,
y el ser volvió a ser hombre
y no ventana,
alguna claridad
entró en el bosque:
fue posible cantar bajo las hojas.
Gracias, eres la píldora
contra
los óxidos cortantes del desprecio,
la luz contra el altar de la dureza.

Ode to thanks

Thanks to the word
that says *thanks!*
Thanks to *thanks*,
word
that melts
iron and snow!

The world is a threatening place
until
thanks
makes the rounds
from one pair of lips to another,
soft as a bright
feather
and sweet as a petal of sugar,
filling the mouth with its sound
or else a mumbled
whisper.
Life becomes human again:
it's no longer an open window.
A bit of brightness
strikes into the forest,
and we can sing again beneath the leaves.
Thanks, you're the medicine we take
to save us from
the bite of scorn.
Your light brightens the altar of harshness.

Tal vez
también tapiz
entre los más distantes hombres
fuiste.
Los pasajeros
se diseminaron
en la naturaleza
y entonces
en la selva
de los desconocidos,
merci,
mientras el tren frenético
cambia de patria,
borra las fronteras,
spasivo,
junto a los puntiagudos
volcanes, frío y fuego,
thanks, sí, gracias, y entonces
se transforma la tierra en una mesa:
una palabra la limpió,
brillan platos y copas,
suenan los tenedores
y parecen manteles las llanuras.

Gracias, gracias,
que viajes y que vuelvas,
que subas
y que bajes.
Está entendido, no
lo llenas todo,
palabra gracias,
pero
donde aparece
tu pétalo pequeño
se esconden los puñales del orgullo,
y aparece un centavo de sonrisa.

Or maybe
a tapestry
known
to far distant peoples.
Travelers
fan out
into the wilds,
and in that jungle
of strangers,
merci
rings out
while the hustling train
changes countries,
sweeping away borders,
then *spasibo*
clinging to pointy
volcanoes, to fire and freezing cold,
or *danke*, yes! and *gracias*, and
the world turns into a table:
a single word has wiped it clean,
plates and glasses gleam,
silverware tinkles,
and the tablecloth is as broad as a plain.

Thank you, *thanks*,
for going out and returning,
for rising up
and settling down.
We know, *thanks*,
that you don't fill every space—
you're only a word—
but
where your little petal
appears
the daggers of pride take cover,
and there's a penny's worth of smiles.

Oda a la envidia

Yo vine
del Sur, de la Frontera.
La vida era lluviosa.
Cuando llegué a Santiago
me costó mucho
cambiar de traje.
Yo venía vestido
de riguroso invierno.
Flores de la intemperie
me cubrían.
Me desangré mudándome
de casa.
Todo estaba repleto,
hasta el aire tenía
olor a gente triste.
En las pensiones
se caía el papel
de las paredes.
Escribí, escribí sólo
para no morirme.
Y entonces
apenas
mis versos de muchacho
desterrado
ardieron

Ode to envy

I had come
from the South, from the Frontier,
where life was drizzly.
When I arrived in Santiago,
I worked hard
at dressing differently.
My clothes were made
for harsh winters.
Flowers of bad weather
covered me.
I bled myself dry changing
addresses.
Everything was used up:
even the air
smelled like sadness.
Wallpaper peeled
from the walls
of cheap hotels,
but I wrote and kept on writing
in order to keep from dying.
And no sooner
had
my boyish poems
of exile
burned a path

en la calle
me ladró Teodorico
y me mordió Ruibarbo.
Yo me hundí
en el abismo
de las casas más pobres,
debajo de la cama,
en la cocina,
adentro del armario,
donde nadie pudiera examinarme,
escribí, escribí sólo
para no morirme.

Todo fue igual. Se irguieron
amenazantes
contra mi poesía,
con ganchos, con cuchillos,
con alicates negros.

Crucé entonces
los mares
en el horror del clima
que susurraba fiebre con los ríos,
rodeado de violentos
azafranes y dioses,
me perdí en el tumulto
de los tambores negros,
en las emanaciones
del crepúsculo,
me sepulté y entonces
escribí, escribí sólo
para no morirme.

Yo vivía tan lejos, era grave
mi total abandono,
pero aquí los caimanes
afilaban
sus dentelladas verdes.

through the streets
than little Teddy barked in my ear,
and Ginger bit my leg.
I dove
into the abyss
of the poorest houses—
underneath the bed,
in the kitchen
or deep inside a closet
where nobody could probe me,
and I wrote on, simply
to keep from dying.

It made no difference. They rose up
threatening
my poetry
with hooks and knives
and black pliers.

So I crossed
oceans,
hating those climates
where fever whispers along the waters:
engulfed by shrill
saffron and vengeful gods,
I wandered lost in the din
of dark drums
and panting
twilights.
I buried myself alive,
then I kept on writing, simply
to keep from dying.

My home was so far away, that's
how completely I'd let go.
But here the alligators
were sharpening
their long green rows of teeth.

Regresé de mis viajes.
Besé a todos,
las mujeres, los hombres
y los niños.
Tuve partido, patria.
Tuve estrella.
Se colgó de mi brazo
la alegría.
Entonces en la noche,
en el invierno,
en los trenes, en medio
del combate,
junto al mar o las minas,
en el desierto o junto
a la que amaba
o acosado, buscándome
la policía,
hice sencillos versos
para todos los hombres
y para no morirme.

Y ahora
otra vez ahí están.
Son insistentes
como los gusanos,
son invisibles
como los ratones
de un navío,
van navegando
donde yo navego,
me descuido y me muerden
los zapatos,
existen porque existo.
Qué puedo hacer?
Yo creo
que seguiré cantando
hasta morirme.
No puedo en este punto

I returned from my journeys,
kissed everybody hello—
kissed women, men,
and children.
I belonged, I had a homeland.
Luck was with me.
I walked arm in arm
with Joy.
From then on, at night
and in winter,
in trains and in the thick
of battle,
by seashores, in mine shafts
and in deserts, next to
the woman I loved
and on the run from
police,
I wrote simple poems
for all mankind,
to keep from dying.

And now
they're back:
they're as dogged
as earthworms,
as invisible
as rats
on a ship.
They sail
where I sail,
and if I'm careless they nip at
my heels.
They exist because I exist.
What can I do?
What else
but keep on singing
until I die.
At this point I simply

hacerles concesiones.
Puedo, si lo desean,
regalarles
una paquetería,
comprarles un paraguas
para que se protejan
de la lluvia inclemente
que conmigo llegó de la Frontera,
puedo enseñarles a andar a caballo,
o darles por lo menos
la cola de mi perro,
pero quiero que entiendan
que no puedo
amarrarme la boca
para que ellos
sustituyan mi canto.
No es posible.
No puedo.
Con amor o tristeza,
de madrugada fría,
a las tres de la tarde,
o en la noche,
a toda hora,
furioso, enamorado,
en tren, en primavera,
a oscuras o saliendo
de una boda,
atravesando el bosque
o la oficina,
a las tres de la tarde
o en la noche,
a toda hora,
escribiré no sólo
para no morirme,
sino para ayudar
a que otros vivan,
porque parece que alguien
necesita mi canto.

can't give in.
Maybe they'd like
a present
wrapped in pretty paper,
or an umbrella
to keep themselves dry
in the nasty rain
that arrived with me from the Frontier.
I could teach them how to ride horseback
or encourage
them to pet my dog.
But I want them to know
I cannot
wire my mouth shut
so they can write poetry
in my place.
That's not possible.
I really can't.
Sadly or lovingly,
in the chill of early morning,
at three in the afternoon
or in the middle of the night—
at any hour of the day—
whether I'm enraged or basking in love,
on trains and in springtime,
in the dark or as I leave
a wedding,
walking through woods
or through my study,
at three in the afternoon
or in the middle of the night,
at any hour of the day:
I will go on writing not simply
to keep from dying
but to help
others live,
because it seems someone
needs my song.

Seré,
seré implacable.
Yo les pido
que sostengan sin tregua el estandarte
de la envidia.
Me acostumbré a sus dientes.
Me hacen falta.
Pero quiero decirles
que es verdad:
me moriré algún día
(no dejaré de darles
esa satisfacción postrera),
no hay duda,
pero
me moriré cantando.
Y estoy casi seguro,
aunque no les agrade esta noticia,
que seguirá
mi canto
más acá de la muerte,
en medio
de mi patria,
será mi voz, la voz
del fuego o de la lluvia
o la voz de otros hombres,
porque con lluvia o fuego quedó escrito
que la simple
poesía
vive
a pesar de todo,
tiene una eternidad que no se asusta,
tiene tanta salud
como una ordeñadora
y en su sonrisa tanta dentadura
como para arruinar las esperanzas
de todos los reunidos
roedores.

Relentless is what I'll be,
utterly relentless.
So I'll beg them
to make no truce
when defending the flag of envy,
for I've gotten used to its teeth.
In fact I need them.
But I want them also to know
(it's true)
that one day I will die
(I'll have to give them
this last satisfaction).
Of this there is no doubt.
But
I will go down singing.
And I am relatively certain
(though they won't like to hear it)
that my song
will be heard
on this side of death,
in the heart
of my country:
it will be my voice, a voice
of fire and rain,
and the voice of other people.
For it is written in fire and rain
that the truest
poetry
survives
against all odds.
It outlives fear,
it has the robust health
of a milkmaid
and enough teeth in its smile
to ruin the hopes
of all the rodents in the world,
all of them put together.

Oda a la alegría

Alegría,
hoja verde
caída en la ventana,
minúscula
claridad
recién nacida,
elefante sonoro,
deslumbrante
moneda,
a veces
ráfaga quebradiza,
pero
más bien
pan permanente,
esperanza cumplida,
deber desarrollado.
Te desdeñé, alegría.
Fui mal aconsejado.
La luna
me llevó por sus caminos.

Ode to my joy

Joy,
green leaf
resting on the window sill,
tiny
brightness
newly born,
musical elephant,
dazzling
coin,
occasional
fragile gust of wind
but
more often
everlasting bread,
hope realized,
and duty properly done:
I scorned you, joy—
I was given bad advice.
The moon
lured me along its paths.

Los antiguos poetas
me prestaron anteojos
y junto a cada cosa
un nimbo oscuro
puse,
sobre la flor una corona negra,
sobre la boca amada
un triste beso.
Aún es temprano.
Déjame arrepentirme.
Pensé que solamente
si quemaba
mi corazón
la zarza del tormento,
si mojaba la lluvia
mi vestido
en la comarca cárdena del luto,
si cerraba
los ojos a la rosa
y tocaba la herida,
si compartía todos los dolores,
yo ayudaba a los hombres.
No fui justo.
Equivoqué mis pasos
y hoy te llamo, alegría.

Como la tierra
eres
necesaria.

Como el fuego
sustentas
los hogares.

Como el pan
eres pura.

Como el agua de un río
eres sonora.

Ancient poets
lent me their glasses
and I drew
a dark halo
around everything I saw,
a black crown on every flower,
a melancholy kiss
on each pair of beloved lips.
But there's still time.
Let me make it up to you.
I thought
the bush caught up in the storm
had only to singe
my heart,
that rain had only to drench
my clothes
in the crimson land of mourning,
that if I closed
my eyes to the rose
and caressed the open wound,
suffering my share of everyone's pain—
that only then was I aiding my fellow man.
In this I erred.
I had lost my way,
so today I call on you, joy.

You are
as necessary
as earth.

You warm
our hearths
like fire.

You are perfect,
like bread.

You are musical,
like the water of a river.

Como una abeja
repartes miel volando.

Alegría,
fui un joven taciturno,
hallé tu cabellera
escandalosa.

No era verdad, lo supe
cuando en mi pecho
desató su cascada.

Hoy, alegría,
encontrada en la calle,
lejos de todo libro,
acompáñame:

contigo
quiero ir de casa en casa,
quiero ir de pueblo en pueblo,
de bandera en bandera.
No eres para mí solo.
A las islas iremos,
a los mares.
A las minas iremos,
a los bosques.
No sólo leñadores solitarios,
pobres lavanderas
o erizados, augustos
picapedreros,
me van a recibir con tus racimos,
sino los congregados,
los reunidos,
los sindicatos de mar o madera,
los valientes muchachos
en su lucha.

Contigo por el mundo!

You make gifts of honey
circulating like a bee.

Joy,
I was a moody youth:
I found your mop of hair
shocking.

But when its abundance
showered down on my chest
I discovered it wasn't true.

Today, joy,
I ran into you on the street,
far from any book.
Come with me:

I want to go with you
house to house,
I want to go from town to town,
flag to flag.
You aren't just for me.
We will go to islands,
and seas.
We will go to mines,
and forests.
Not only will I be greeted
by solitary woodsmen,
poor washerwomen, or gruff and stately
stonecutters,
all of them bearing your bouquets:
there will also be crowds
and gatherings,
lumberjacks and longshoremen,
and brave boys
fighting their fight.

Around the world with you

Con mi canto!
Con el vuelo entreabierto
de la estrella,
y con el regocijo
de la espuma!

Voy a cumplir con todos
porque debo
a todos mi alegría.

No se sorprenda nadie porque quiero
entregar a los hombres
los dones de la tierra,
porque aprendí luchando
que es mi deber terrestre
propagar la alegría.
Y cumplo mi destino con mi canto.

and with my song!
With the star's
winking flight
and the sea spray's
delight!

I will deliver them all
because to all
I owe my joy.

Let no one question why I should want
to give the world's wonders
to all mankind:
I learned the hard way
it's my earthly duty
to spread joy—
and I do this through my song.

Oda de mis pesares

Tal vez algún, algunos
quieren saber
de mí.

Yo me prohíbo
hablar de mis pesares.
Aún joven, casi viejo
y caminando
no puedo
sin
espinas
coronar
mi corazón
que tanto
ha trabajado,
mis ojos
que exploraron la tristeza
y volvieron sin llanto
de las embarcaciones
y las islas.

Voy a contarles cómo
cuando nací
los hombres, mis amigos,
amaban
la soledad, el aire
más lejano,
la ola de las sirenas.

Ode about my sorrows

It could be that somebody
would like to know
how I'm doing.

I won't let myself
list my sorrows.
Almost old, I'm still youthful
and spry:
without
thorns
I cannot
crown
my heart
(which has worked
so hard)
or my eyes
that have explored the land of sadness
and returned undimmed by grief
from those ships
and islands.

But I will tell you that,
at the time I was born,
mankind—I mean my friends—
loved
solitude, the most distant
air,
and the siren's watery wave.

Yo volví
de los
archipiélagos,
volví de los jazmines,
del desierto,
a ser,
a ser,
a ser
con otros seres,
y cuando fui no sombra,
ni evadido,
humano, recibí los cargamentos
del corazón humano,
las alevosas piedras
de la envidia,
la ingratitud servil de cada día.

Regresa, Don, susurran
cada vez más lejanas las sirenas:
golpean las espumas
y cortan con sus colas
plateadas
el transparente
mar
de los recuerdos.

Nácar y luz mojados
como frutas gemelas
a la luz de la luna embriagadora.

Ay, y cierro los ojos!

El susurro del cielo se despide.

Voy a mi puerta a recibir espinas.

I returned
from
archipelagos,
I returned from jasmine
and deserts
to simply being
simply being
simply being
with other beings,
and when I was no longer a shadow
and no longer on the run,
when I was fully human, I received the freight
of the human heart,
treacherous stones
of envy,
and common, fawning ingratitude.

"Sir, come back to us!" the sirens whisper
as they fade into the distance.
Their silvery
tails slap the spray
and slice
the transparent
sea
of memories.

Mother-of-pearl and ocean light
like twin fruits glistening
in the light of an intoxicating moon.

Ah, I close my eyes!

Heaven's whisper takes its leave.

I go to the door, to receive my thorns.

Oda al secreto amor

Tú sabes
que adivinan
el misterio:
me ven,
nos ven,
y nada
se ha dicho,
ni tus ojos,
ni tu voz, ni tu pelo,
ni tu amor han hablado,
y lo saben
de pronto,
sin saberlo
lo saben:
me despido y camino
hacia otro lado
y saben
que me esperas.

Alegre
vivo
y canto
y sueño,
seguro
de mí mismo,

Ode to a secret love

They've guessed
our secret,
you know.
They see me,
they see us,
and nothing
has been said—
neither your eyes
nor your voice, neither your hair
nor your love have said a word—
but suddenly
they know,
they know without even knowing
they know.
I wave goodbye and set off
in another direction,
and they know
you're waiting for me.

Joyfully
I live
and sing
and dream,
sure
of myself.

y conocen
de algún modo
que tú eres mi alegría.
Ven
a través del pantalón oscuro
las llaves
de tu puerta,
las llaves
del papel, de la luna
en los jazmines,
del canto en la cascada.
Tú, sin abrir la boca,
desbocada,
tú, cerrando los ojos,
cristalina,
tú, custodiando
entre las hojas negras
una paloma roja,
el vuelo
de un escondido corazón,
y entonces
una sílaba,
una gota
del cielo,
un sonido
suave de sombra y polen
en la oreja,
y todos
lo saben,
amor mío,
circula
entre los hombres,
en las librerías,
junto
a las mujeres,
cerca
del mercado
rueda

They are aware,
somehow,
that you are my joy.
They see
through my heavy trousers
the keys
to your door,
the keys
to writing paper, to moonlight
among jasmines,
to the song that sings in the waterfall.
And you without opening your mouth
speaking,
you crystal-clear
closing your eyes
or nursing
a red dove
nestled in black leaves,
the flight
of a hidden heart
and then
a syllable,
a drop
from heaven,
in one's ear
the soft
sound of shade and pollen,
and everybody
knows it,
my love:
it makes the rounds
of men
in bookstores
and women
as well,
and close by
the marketplace,
whirling,

el anillo
de nuestro
secreto
amor
secreto.

Déjalo
que se vaya
rodando
por las calles,
que asuste
a los retratos,
a los muros,
que vaya y vuelva
y salga
con las nuevas
legumbres del mercado,
tiene
tierra,
raíces,
y arriba
una amapola:
tu boca:
una amapola.
Todo
nuestro secreto,
nuestra clave,
palabra
oculta,
sombra,
murmullo,
eso
que alguien
dijo
cuando no estábamos presentes,
es sólo una amapola,
una amapola.

the ring
of our
secret
secret
love.

Let it
go
rolling
through the streets,
let it take
portraits
and walls by surprise,
let it come and go
and pop up
with fresh
greens in the market.
It has
soil
and roots
and a poppy
on top,
your mouth
a poppy.
Our
entire secret,
our key,
our hidden
word,
our shadow or
whisper,
comments
someone
made
when we weren't around —
it's just a poppy,
a poppy.

Amor,
amor,
amor,
oh flor secreta,
llama
invisible,
clara
quemadura!

Love
love
love—
O secret flower,
invisible
flame,
bright scar
from the burning brand!

A mis obligaciones

Cumpliendo con mi oficio
piedra con piedra, pluma a pluma,
pasa el invierno y deja
sitios abandonados,
habitaciones muertas:
yo trabajo y trabajo,
debo substituir
tantos olvidos,
llenar de pan las tinieblas,
fundar otra vez la esperanza.

No es para mí sino el polvo,
la lluvia cruel de la estación,
no me reservo nada
sino todo el espacio
y allí trabajar, trabajar,
manifestar la primavera.

A todos tengo que dar algo
cada semana y cada día,
un regalo de color azul,
un pétalo frío del bosque,

To my duties

While I've been doing my job
stone by stone, quill by quill,
winter has passed, leaving
empty places
and dead rooms.
I work on all the same.
I really should replace
all those things I've forgotten,
fill the darkness with bread,
inspire hope again.

The dust of the season,
its harsh rain, are all I deserve:
for myself I claim nothing more
than all space
and the right to work there,
bearing witness to spring.

I must have something for everybody
day by day and week by week,
gifts of the blue variety
or cool blossoms from the woods.

y ya de mañana estoy vivo
mientras los otros se sumergen
en la pereza, en el amor,
yo estoy limpiando mi campana,
mi corazón, mis herramientas.

Tengo rocío para todos.

First thing in the morning, I'm going strong:
while others have sunk
into sloth or lovemaking,
I'm sweeping out my bell tower,
polishing my tools and my heart.

I have enough dew to go around.

Acknowledgments

Thanks to all our friends who have given encouragement and provided models for illustrations, especially Judith Ogus, who photographed Shikos Legacy and the bull. We deeply appreciate the time and attention given to the English text by Jody Winer and David Diefendorf: they are fine poets in their own right, and the translation is far better for their suggestions.

We also had the good fortune to work with two wonderful editors—Brian Hotchkiss and Karen Dane—and a gifted designer, Christopher Kuntze. Thank you for making a beautiful book!

Ferris Cook & Ken Krabbenhoft

New York City, June 22, 1995

Book design by Christopher Kuntze
Printed by The Stinehour Press, Lunenburg, Vermont
Bound by Book Press, Inc., Brattleboro, Vermont